ENTRE LA TIERRA Y EL ÓXIDO

ÆREA | *carménère*

Lucas Margarit

# entre la tierra y el óxido
## (algunos poemas reunidos)

A861    Margarit, Lucas
M       entre la tierra y el óxido / Lucas Margarit.
       -- Barcelona-Santiago : RIL editores-Ærea
       | Carménère, 2024.

      104 pág. ; 23 cm.

      ISBN: 978-84-10248-03-8

    1 POESÍA ARGENTINA. 2 LITERATURA ARGENTINA.

ÆREA | *carménère*

### Serie dirigida por
### Eleonora Finkelstein y Daniel Calabrese

ENTRE LA TIERRA Y EL ÓXIDO
Primera edición: marzo de 2024

© Lucas Margarit, 2024

© Ærea, 2024

Un sello de RIL® editores
SEDE SANTIAGO DE CHILE: Los Leones 2258 • CP 7511055 Providencia
☏ (56) 22 22 38 100 • ril@rileditores.com • www.rileditores.com

SEDE VALPARAÍSO: Cochrane 639, of. 92 • CP 2361801 Valparaíso
☏ (56) 32 274 6203 • valparaiso@rileditores.com

SEDE ESPAÑA: europa@rileditores.com

Composición y diseño: RIL® editores
Diseño de colección: Marcelo Uribe Lamour

Impreso en España • *Printed in Spain*

ISBN: 978-84-10248-03-8
Depósito Legal: B 6318-2024

# Lucas Margarit: un *maudit* contemporáneo

Jordi Valls

La poesía de Lucas Margarit se asoma al mundo, hacia lo enigmático. El lector escucha ecos extraños en cada poema, la propuesta es evocadora y vive enraizada en el instante. Margarit sintoniza diferentes frecuencias poéticas y las dispone como si fueran varios papeles cebolla, transparentes, una encima de otra. Su poesía nos lleva a percibir una emotividad metálica, aislada, pero al mismo tiempo integrada al organismo de la lírica. La temporalidad es una circunstancia que no cuestiona la pasión y no hay poema que sea gratuito. Su lectura, pues, abarca dimensiones que convergen en la sensibilización del ser. Todos los poemas son premeditados, hasta el milímetro de la expresión: *soy un niño / perdido en el bosque blanco / un niño hermoso / que busca un dios / en la periferia del agua.* Y así, Lucas Margarit, va configurando una de las poéticas más atractivas de la poesía actual.

*entre la tierra y el óxido* es una antología de la poesía de Lucas Margarit hasta el momento. Los temas se alternan entre la identidad y la disgregación de las sombras que le acompañan para nuevamente configurar una nueva realidad. La figura del padre aparece, a veces como elemento redentor, a veces como un elemento presente en el deambular retórico. Su primer libro, *Círculos y piedras*, recuerda el imaginario del poeta Georg Trakl, en una evocación a la infancia frustrada: "sobre los huesos de cera / de un santo / construyes tu cuerpo, elis". La sexualidad aparece como un elemento vertebrador, el tabú se rompe y crece en el conflicto.

En *lazlo y alvis* el enigma toma otras variantes, el verso evoluciona a la mínima expresión: *en el nacimiento del vaho / hiciste un ruido / similar a lo que no descansa.* Aparecen nombres que se interpelan en una conversación que no espera respuesta. Hay algo de oracular. Reminiscencias del mundo mistérico en "ezra". ¿Un mundo que quizás pertenece a un Virgilio, a un Tiresias soterrado bajo la piel de Ezra Pound? Quién sabe. La poesía de Margarit es sinuosa, simbólicamente descriptiva: *ezra abandona la cosecha. / cree salvar / la imagen de escriba / que agoniza.*

Un mundo sugerente que se despliega en esa relación, la de Lazlo y Alvis. Hay algo como de ritual de iniciación que culmina en la asunción de esa dualidad: *Alvis contruye / su cuerpo / con la carne reseca /de Lazlo* como en un sueño donde la realidad de la naturaleza se mezcla con la trascendencia, hay en el fondo un motivo ciego pero instintivamente palpable que es el amor. En el poema final "Epílogo" el poeta deja intacta, pese a la ausencia de un conocimiento racional, la comunión los dos personajes: *Lazlo construye la imagen / en el río con su nombre / desconoce la naturaleza de Alvis / al pensar la palabra Alvis.*

En *El libro de los elementos* recrea el mundo de los pájaros, desde el origen bíblico en el quinto día de la creación de Dios, según el Génesis. Margarit describe la vista del pájaro: *el vuelo / que descubre el mapa / de un río / se transforma en / el peregrino que lucha por la arena.* El mito del pájaro se transforma en el mito de lo alado, aquello que eleva su cuerpo de la tierra, los poemas se vuelven fragmentarios, reflexivos, apuntes para una intuición: *no hay pájaros / ni hay vuelo / que establezca una morada / ni un icono desierto / para un ángel.* El pájaro es un enlace con el más allá, el mensajero del dolor y de la redención. También como símbolo de la resurrección, así la figura de Lázaro, aquel que habitó el mundo de los muertos para volver milagrosamente al mundo de los vivos, esa propiedad le lleva a un nivel de comprensión más elevado: *puedes extender con tus manos / los extremos de una cartografía / de tierra y arena / cuando el frío se apropie de otros contrastes.* Hay también una concepción del espacio como un elemento más que físico, como confirmación de la distancia, una experiencia sensorial que implica el lenguaje: *ahora comprende la huída / como el conocimiento del espacio / fuera del tiempo / hay un espacio ilimitado por / la línea de las palabras.* ¿Hacia dónde lleva el viaje que nos propone Margarit? Sugiero al lector que no caiga en la tentación de interpretar los poemas en clave de un mensaje, que se deje llevar por las imágenes sugerentes que abren las posibilidades cognitivas a un marco más personal e introspectivo. Interesa la música que propone el poeta con la suma de sus silencios y significados. En *Reconstrucciones,* Margarit ahonda en la profundidad de la poesía griega antigua. La poesía de Safo, Anacreonte, reconstruida a partir de una sensibilidad contemporánea. He ahí el reto del poeta: «*cuando el invierno seco se retiró /* danzando sobre las palomas, *a ellas* se les terminó / el primer alimento y / *se heló su hálito vital. //* sobre mis piedras blancas / *dejan caer sus alas*». En *Narciso y Ofelia* introduce el mito de la muerte por agua, la estrategia de Margarit consiste en ofrecer el poema con las formas de la dramaturgia. Los protagonistas de esta obra como dos paralelos en la desgracia se acompañan. Hay en la poesía de Margarit una proyección en la dualidad, una dualidad que se comunica con evanescencias epifánicas, en *Narciso y Ofelia* es evidente esta factura del poeta, vemos pues un ejemplo de la composición: *Voz: Ofelia está muriendo. No intuye que muere mientras muere. Su cuerpo pasa (Ofelia se desliza delante de Narciso), se interpone entre su cuerpo blanco y su imagen. La nitidez del cuerpo de Ofelia se destaca de la imagen confusa y descompuesta de Narcis*o. El decadentismo casi pictórico del poeta ofrece en la convulsión de la quietud, de la violencia estática en una atmósfera perturbadoramente bella. Técnicamente se trata de un poema escénico, tal como lo definiría el poeta conceptual Joan Brossa. El poema es un juego que acaba como empieza: "Ofelia"- *envuelta por tu sudario, / la sepultura cubierta de flores" / (Comienza la obra nuevamente con los papeles invertidos).* Los últimos poemas son definiciones de las palabras: pan, piedad, ADN, Crisis, Desierto, Oruga, Oceano. Son descripciones sorprendentes que recuerdan vagamente el *Diccionario de símbolos* de Juan-Eduardo Cirlot. Por ejemplo en la definión de «Oceano»: *Parte olvidada de la memoria mineral. Mit. deidad alabada entre las tribus más cercanas a la costa de piedras blancas; así mismo fue conformado, según estas creencias, por las lágrimas de aquellos dioses olvidados y sin nombre...* La definición es científica, pero con los huecos del lenguaje, Margarit desvía la ciencia e introduce elementos líricos, la definición pues la transforma en poesía.

*Bernat Metge* es un libro de múltiples lecturas, a partir de uno de los clásicos catalanes más oscuros, *Lo somni,* del mismo autor que da título al libro de Margarit. Brevemente *Lo somni* explica diversos sueños que tendrá el protagonista con diferentes personajes, a la manera de *La canción de Navidad* de Dickens, los diferentes espectros: Orfeo, Tiresias y el Rey Joan I de Aragón le irán revelando a Bernat las respuestas existenciales a las cuestiones que este plantea. Así, por ejemplo, Margarit traslada a sus versos la respuesta de Joan I a Bernat Metge: *lo animado no vive ni muere de un solo modo: / aquí me ves, como la noche y como la voz que circula / de la nada hacia la nada.* El carácter existencial del libro está acompañado por respuestas sugerentes que el poeta acompaña. El carácter algunos símbolos que obsesionan al poeta los volvemos a encontrar también aquí: *debes saber que / existen campanas talladas / con el cuerpo / vacío de los pájaros.*

En *elis o teoría de la distancia* el poeta profundiza en la idea de la muerte por agua, no en el sentido de Eliot, donde el destino juega su papel en las cartas desveladas de Madame Sosostris. La fatalidad adquiere el matíz de quien acepta su sacrificio como elemento fundamental de una esperada metamofosis: *te ahogaste / como quien recurre al agua / para celebrar un nuevo bautismo.* Quien se ahoga es Elis, se sacrifica porque la naturaleza le empuja a hacerlo: *elis recordaba en voz alta / que el cuerpo es una fractura del universo: / la figura permanente de lo que no perdura.* El cuerpo no perdura pero las palabras ejercen de bálsamo en la resonancia de una consciencia que acaba mostrando sus motivos.

La voz poética de Lucas Margarit va creciendo en *Telesio. Brevissimo tratado sobre el asombro* la poesía adquiere matices definidos y concretos a partir de la descripción meticulosa, ya no es la evocación intuitiva sino la voluntad llegar al fondo de los fenómenos naturales: *cuando telesio observa a través de esos cristales / con borde de óxido / se desintegra la célula para aparecer / nuevamente entre el fuego y su naturaleza.* El poeta se desdobla en Telesio, compara los descubrimientos de uno y de otro, entra en la complejidad. En el fondo hay una búsqueda insaciable a la gran pregunta de la existencia, una búsqueda a alguna especie de dios, porque en el fondo Lucas Margarit es un niño hermoso que busca una espiritualidad a través del reconocimiento del propio cuerpo, de su sexualidad, del amor a la existencia, a la alteridad, desde su ser completado: *y como una serpiente me deslizo por una arena extinta / y llego a los cascos de tu caballo / para subir lentamente hasta nosotros.*

Y es que la poesía de Lucas Margarit parte sobre todo de su mundo interior, su crecimiento como persona enfrentado a las reglas convencionales. Margarit es un rebelde. Y aparece cercano a Marcel Schwob, Bernat Metge, Ezra Pound, Óscar Wilde, Alejandra Pizarnik, Paul Verlaine, Georg Trakl, Samuel Beckett. Pero también en el mundo pictórico a El Bosco, Los prerrafaelistas, Antoni Tàpies o Francis Bacon, por poner algunos referentes dispares, eclécticos y evocativos en el imaginario poético de Margarit.

Cercano, pero no confuso, no se equivoquen, *entre la tierra y el óxido* es la primera oportunidad de tener la poesía de Lucas Margarit en una unidad panorámica. La experimentación, el inconformismo, hacen de Margarit un poeta muy personal, con voz propia, necesario y sacrílego. Un *maudit* contemporáneo.

# Círculos y piedras

## (1992)

I

Sobre los huesos de cera
de un santo
construyes tu cuerpo, elis.


II

elis, te han coronado en la tarde
    el sol se vacía
        sobre un cementerio desperdiciado


III

                    Desperdiciándose
                        el oro que lo colmaba


                    \*\*\*


fui
Asdrúblal después Clitómaco
hacia atrás
como pretendía
casi objetando mis palabras
                        A.C.


Me llamaron por mi nombre
secretamente di vuelta la cabeza.
Clitómaco pretendió devolver con
cuarenta años cumplidos, el fuego
de Carnéades, su maestro
                        A.C.

# LAZLO Y ALVIS

# (2001)

no fue adrastra quien cargó
los remos
manchados de humedad
ni quien en la tierra
con las manos húmedas reconoció la tierra.

la misma lluvia
junto a la memoria partida

su cuerpo
virgen de varón
reconoció
la mano de un hombre

\*


no pudiste solidificar
el entendimiento de la palabra "palabra"

en el nacimiento del vaho
hiciste un ruido
similar a lo que no descansa.

\*


*a Gloria*


con tus huesos creíste deificar
algo
herrumbre
pasto o solidificación

deificar
con esos huesos que ya no pertenecen

\*

mi cuerpo sobre tu cuerpo
de varón junto a varón
la nube en el trueno
de una caída igual
el mar sobre el mar
así

elis es un pájaro oscuro
que intenta transformarse
en ruido

# Ezra

el ruido
del agua.
la noche
al caer
hacia atrás
pidiendo
hambre
a la piedra que lo cubre.

*

la mano oscura del agua
cubierta de mármol y hueso

*

ezra
delante de
un río

*

entre los árboles de la selva
un pájaro seco se detiene a
envejecer

*

ezra
toma un ábaco
que reduce a la
situación de morir
por un ahogado

*


océano
rhesus
ícono de ezra
en la decantación de un
cuerpo
o su voz
en un espacio similar
al círculo

la condición de ezra:
un hombre blanco
en el canal de los leprosos.

*


alguien se ahoga.
la línea
áspera
que cruza la imagen de ezra

*


el árbol
cerca de la nieve
y
el cuerpo
vacío

\*

ezra
asimila
su voz seca
a la piedra

\*

entonces
bajó de su barca
rozando el agua señaló
la curva de su bastón

\*

el viento
y la forma de
la piedra.
gaudier joven
reconstruye
su cuerpo
en el cuerpo
de ezra

\*

abrió un libro
lo hundió
en el río
desconociendo sus
palabras.

\*

el lugar
donde sus cuerpos
forman
el río que atraviesa
la selva

\*

ezra abandona la cosecha.
cree salvar
la imagen de escriba
que agoniza.

\*

quien traduce
el poblado amarillo
por teatro blanco
sostiene
posiblemente
su necesidad

\*

quien traduce
ave
como muerta
permanece
entre lo inalterable

## LAZLO Y ALVIS

*La noche al siguiente pájaro*

Lazlo distingue la
creación
separa sus huesos rotos
de los curvos.
intuye que nadie lo desconoce


al borde del árbol
Alvis
la materialidad de los objetos

*


Alvis reconoció
envejecer
entre las pieles de pelo duro

*


Alvis lucha.
todos los guerreros
caídos cambian de nombre

*

la piedra que abre
su cuerpo.
la destrucción de los objetos.
el inicio de la demostración.

*


Lazlo sospecha
que dios era
el resto.

*


Lazlo desconoce las palabras.
dice vaciar
al sentir en su cuerpo
el fuego.

*


la necesidad y la vejez.
la virtud que Lazlo
sospechó desde su infancia

*


Lazlo es arbitrario.

*

emite un sonido.
lo reduce
al choque de una piedra
contra el río.

*

hunde sus dedos.
después de un silencio
Lazlo evoca su recuerdo.

*

el buitre.

*

pierde parte del río
al elegir el árbol muerto
de la selva.

*

Alvis: hundiendo su cuerpo
hasta la frente hundida del río.

*

porque es el viento
el que reconstruye la
piel de Alvis.

*

*la piedra tallada y al árbol sin corteza*

*

cubre su piel con piel.

*

ramas detrás del cuerpo de Alvis.

*

**Alvis**
**tus huesos oscuros**
**son la sombra de tus huesos**

*

hundiéndose como la tormenta.

*

**Lazlo cubre con piel la piel de**
**Alvis.**

*

Lazlo y las estructuras
de piedra.
construye un arco cerca
del agua
para continuar
dando nombre a los objetos.

*

la planicie de sal
ahora, junto a Alvis.

*

cerca del río.
el río que ocupa
el lugar blanco del cementerio.

\*

Lazlo
recita
hasta que del cielo vacío
caiga fuego.

\*

Lazlo entierra
a sus animales
junto a los huesos
de Alvis.

\*

la imagen de Lazlo
en la grieta de una grieta

\*

Alvis y Lazlo evocan al aire
la continuidad y su necesidad. la llanura junto al desierto.
es el cuerpo que rueda desnudo sobre las cenizas del árbol.

\*

## elegía

ahora con tus manos, Alvis
sugieres la tregua.
al otro lado
el río
cuando se precipita, Alvis
la piedra una vez más
en la tierra.
ahora con tus manos, Alvis
la protección de los objetos.
la necesidad del fuego.
el espacio perdido del árbol.
escupir en las manos húmedas
la tierra que te cubre.


## elegía II

cuando sopla el viento
te reconstruyes

*


Alvis permite
a su cuerpo
permanecer
en el frío.

*

el buitre

*

Alvis reza.
Los huesos de Lazlo
Cubiertos con corteza
de
árbol.
no percibe
la diferencia
entre beber
y derribar.

\*

Lazlo limpia
sentado
en la piedra
sus manos con
agua del río.

\*

ahora
Lazlo
cree
comprender.

\*

**requiem**

para nombrar
uso la piedra
sobre la marca
de la siguiente piedra
nómade
y fría.

\*

Alvis contruye
su cuerpo
con la carne reseca
de Lazlo
\*


se separa
de la margen del
río.

\*


el frío
en la mano
que apoya en su rodilla.

\*


la imagen de Alvis
señala la margen del
río

\*


Alvis con su cara gris
me arrastra
sobre la orilla
seca.
no se decir agua
para detenernos

\*

llevo un cuerpo
arrastrando otro cuerpo
sin detenerme.
sin sospechar
que el río
permanece congelado.
*


Lazlo y Alvis recogen cenizas.
la orilla separada del río.
la primera demostración  en la puerta
del osario del cielo.


## Epílogo

Lázlo construye la imagen
en el río con su nombre
desconoce la naturaleza de Alvis
al pensar la palabra Alvis

# EL LIBRO DE LOS ELEMENTOS

## (2007)

...o los pájaros
aire

## …O LOS PÁJAROS

I.
el primer vuelo de los pájaros
comenzó el día quinto
mientras buscaban un lugar
para construir sus nidos
y guardar el primer alimento del mundo

reconocieron una imagen sobre el blanco
espejo del agua
y tomaron el barro y las ramas
para saber que nada cubriría la futura
esfera del cielo

fue en el quinto día
cuando los pájaros
se refugiaron entre los árboles
o en el sexto cuando vieron
otros pájaros acercarse temerosos
a la orilla de un río

¿qué escucharon los pájaros en el quinto día?
la palabra que extendió sus alas sobre
el ruido del mar
y la misma palabra que
moldeó las escamas de los peces
y la piel fría de los reptiles

al sexto día volaron hacia el otro lado
del mar
y escucharon sus propias voces

como un murmullo que tomaba la forma
de las águilas y regresaron a sus árboles aún sin grietas

respirando otra vez el aire débil de la tierra

las semillas del árbol
cubiertas de pulpa
que se diluye en la tierra del bosque
donde los nidos una vez más se cierran luego de un
vuelo de reconocimiento

así eran los pájaros
el primer día
que era el quinto del cielo
y el tercero del mar

miraron al mundo
y volaron
extendieron las alas por segunda vez
detrás de los aromos

otro bosque no encontraron ese día
sí el río de agua dulce
vaciado y vuelto a llenar
con el hielo de la montaña

llovió por primera vez

y otra vez anocheció
y los pájaros
comenzaron a reconocer las estrellas
para guiar su vuelo

otra vez anocheció
y vieron cómo la palabra del barro

hizo un cuerpo
y cómo de ese cuerpo
la palabra hizo otro cuerpo

así fueron los primeros pájaros
así fueron las primeras pisadas
y sus nombres fueron las primeras
palabras de un hombre

II.
cuatro veces
la bandada
de pájaros rodeó en círculos
perfectos
la frontera que separa
el cementerio del río

cada uno reconoció
plumas y cartílagos
blancos

no estamos libres de las palabras

III.
de un pájaro a otro pájaro
una línea divide una imagen de su imagen

la alegoría o la presencia
de los pájaros
es nuestro abandono
del cielo y del fuego del cielo

la nieve al diluirse
expone la piel de un ave
arrasada

IV.
donde están los pájaros
hay una selva
cruzada por el río
y las ramas
se parten como los huesos
por el viento

las plumas y los cartílagos
entre la piel
del pájaro en las ramas

V.
Elis sentado en la mesa
frente a su madre
repetía literalmente la palabra "vogel"

no hay que precisar el lugar donde señaló con su mano

quebradas las alas de un pájaro
muerto en la plaza

la plaza mayor de un pueblo
sin cementerio ni celebraciones
un pueblo sin habitantes

VI.
has podido ser
la pulga y la pluma
en el vientre de un pájaro
y también el pájaro

el vuelo
que descubre el mapa
de un río

se transforma en
el peregrino que lucha por la arena

VII.
hoy seleccionamos
las ramas

dios nos mira y
nos aleja del fuego
y nuestro nido
se completa con el viento que lo cruza
de este a oeste
hacia el lago
y recorre la llanura para chocar contra la montaña.

creemos aparecer
otra vez en el agua
y nuestras alas se entrecruzan
frente a la primera selva.

VIII.
*Dürer*
un ala
sobre la mesa
de madera
se precipita
como la mano abierta de un santo.

ahora está
quieta y
es dejada de lado

(nadie
pudo establecer
el origen del pájaro)

IX.
no hay pájaros
ni hay vuelo
que establezca una morada
ni un icono desierto
para un ángel

sin pájaros
el bosque estaría abandonado

****

el pájaro se escondió fuera de la tierra
más allá del camino sinuoso del mar

o la primera migración perdida
sobre el agua del mar

****

el nido más oscuro
dijeron los pájaros
al pájaro

X.
cuando un pájaro mira la imagen
se dispersa en una nueva planicie de sal
y retrocede
la última respiración
de un espíritu que muere rodeado de frutas y velas
y vuelve el hijo vaciando la tinaja
agua para beber
o el comienzo del río

XI.
dos pájaros
se rozan y se limitan
a morir
otra vez sobre los árboles

se cruzan como dos féretros
dónde fue el inicio del agua y del cristo
dónde el inicio de yo como quien muere

entre mis primeros sonidos
está la gruta que protege y que ahora se ha perdido
estamos a la intemperie de la tormenta continua
fuera del paradigma de un dios agonizante

un dios me ha abandonado
como otro dios abandonó a un cristo

y en el desierto del cielo
lo primero y lo último se reconcilia

dios vacío
como un acantilado
que intenta observar un infierno
aunque no exista sino entre las piedras y los sapos

el purgatorio como un dios se extiende
entre los cuerpos para dar vida
a los que mueren

a pesar de todo percibí que mis huesos son oscuros

XII.
después del primer día
habló
sin creación detrás

un círculo de sombras
de plantas que
como el pájaro
cantan la necesidad de envejecer

## Pájaros del otro lado

I
allí estarás comiendo los últimos cultivos de albahaca y
    de la noche
si los pájaros callaran asegurarían
el paso del tiempo
y mi vejez prematura
se detendrá como una piedra

ahora, espero como si estuviera ausente
en un día de fiesta


II
si dios, algún dios, mirara de frente
dándose la vuelta hacia mi cuerpo
no podría ver la orilla de tu cuerpo

si un dios llegara con la muerte en sus manos
sabría que la noche tiene humo y agua

si un dios llegara cargando con tu cuerpo
me arrodillaría a pedir mi océano lejos
de todo purgatorio

que me entreguen los dioses tu cuerpo
que han llevado puro hasta otra orilla
que me entregue tu dios tus signos
para que sean escritos en mi espalda.

## UNA CREACIÓN

I
levántate lázaro
y como un suspiro
verás la muerte de los otros
de los que abren la puerta de un sepulcro
de los que hieren jabalíes en la montaña
de aquellos que juntan frutos de los olivos antes de la
    pascua
de los mercaderes echados de tu templo
de un cristo y de los leprosos que aquel cristo sanó
de las meretrices blancas y negras de una ciudad arrasada
aún de los pájaros que supieron atravesar el fuego santo
    de esa ciudad

quita las vendas de tu cuerpo
y verás morir a los gusanos que nacían de tu cuerpo

puedes extender con tus manos
los extremos de una cartografía
de tierra y arena
cuando el frío se apropie de otros contrastes

sentado
como jerónimo
en un desierto poblado de bestias
bellas como la sal

y estarás lázaro tentado de cubrir
la piedra
con pétalos y hojas secas de un otoño corroído

## Espacios I

el espacio
se genera similar a sí mismo
no se repite la tierra
ni el agua
o la misma muralla
que separa los árboles de los árboles otros
se tendieron sobre el conocimiento
y encontraron la espalda perdida de dios

no encontramos
la orilla ni el mar
sólo
inventamos
su forma para delimitar
nuestro cuerpo partido

II
lejos
la imagen
de la piedra
hundida como una
cicatriz
en un río

III
cuando un líquido
se recupera de su estado
simultáneamente ocupa
otro espacio

si cambia el espacio
cambian las palabras
su imagen que yace ahora
como en la piedra

si conoce el río
guía por las primeras aguas
al perseguido

ahora comprende la huída
como el conocimiento del espacio
fuera del tiempo
hay un espacio ilimitado por
la línea de las palabras


I
invertebrado
o iluminado
pido al cielo
piedad a las piedras distribuidas en un campo
de viento
piedad huérfana a los gritos del agua que nacen
de otra garganta lejos del tiempo
y lejos del idioma materno
las palabras: "fuego", "materia" y "pájaro"
pido piedad desde la inmóvil catarata de aceites sobre el
    Gólgota
pido aire en el centro del aire
piedad al aire en el centro de dios
pido volver como un pájaro que ha desconocido su nido
por eso pido
piedad lejos de otro dios

II
doy gracias
al silencio por haber dejado
al descubierto tu cuerpo
sin embargo
mi silencio lo alejó
nuevamente
como un pájaro que no se detiene a descansar

otro camino no fue posible
ahora espero
tu mano sobre mi cabeza
la bendición del tiempo sobre mis espaldas

III
ha puesto sus palabras
en lo puro y
ha caído

por eso
el mal hacia cada hombre mi debilidad:
la espalda de dios,
ocúltame,
es mi ocaso
el ocaso de un pájaro negro preparado para un ritual

reconstrucciones
*tierra*

Nota: Esta segunda parte está basada en la traducción de los fragmentos de Safo y otros poetas griegos de la versión de Francisco Rodríguez Adrados, Editorial Gredos.

# ALCEO

10b

desciende. De nuevo *el viento Bóreas*
llega desnudo *a la ciudad*
inmóvil al *tocar la cítara*
no intenta *bajo el techo*
*participar* de mi muerte

14

*Nosotros dos por causa* del movimiento
Hablamos
*Y con las grullas* hambrientas
En silencio y con frío *llegué, a un manto* de piel
de buey o de cordero.
Plata y cobre estaban *colocando en la nave*
*que hacía su primera singladura.*
Cierro los ojos *y así del mismo modo*
*no* permito el ahogo del mar.

19

*morir...en casa....*sin poder *recibir* aire *ni* tierra
*un cazo dentro de una gran tinaja* se diluía en un licor de
    miel
*te esforzabas atendiéndome en esto* que no comprendías,
*en otro caso* hubieras corrido hacia el agua más oscura
quiero que *cantes ebrio para mi* ceguera y así
*evitamos el mar*

29

Es *éste un ancho* mar que nos cobija o que
Nos recompone como la niebla frente a la arena
y la desnudez *de la cabeza, busca*
oro y agua salada
*Mientras aún el leño despide sólo humo*

38

*Quién, desgraciada* muerta
Podrá *decir* el número de piedras y cristales?
La luz  *te ofreció*
Las manos quebradas de quien *llama al dios no culpable*

# SAFO

27 (?)

arranca tus manos *brillantes*
y camina hacia el *altar*
tu cuerpo *azul oscuro*
tus pies de *plata*
tu muerte de *oro*

29

cuando el invierno seco se retiró
danzando sobre las palomas, *a ellas* se les terminó
el primer alimento y
*se heló su hálito vital*

sobre mis piedras blancas
*dejan caer sus alas*

3

las huellas del frío *brillante* para que vuele toda la noche
y mirar sus vasijas de piel *llenas de peces dejando* de nadar,
estáticos

# Narciso y Ofelia
## agua

*I*

**Voz:**
Situación:

        hembra                 hombre

             sombra
             líquido


*II*

**Voz:** (Veo imágenes de ahogo)
     (Veo imágenes de ahogados)


**Voz:** Narciso al borde observa. Una imagen con las mismas piedras del río. Cree escuchar una canción. Cree que es una hembra calcada en la tierra húmeda. Ve una curiosa figura cantando. Lleva flores blancas en la cabeza.

**Voz:** Ofelia está muriendo. No intuye que muere mientras muere. Su cuerpo pasa (Ofelia se desliza delante de Narciso), se interpone entre su cuerpo blanco y su imagen. La nitidez del cuerpo de Ofelia se destaca de la imagen confusa y descompuesta de Narciso.

**Voz:** No levanta los ojos del agua.
No levanta las manos del lodo.
Ella no descansa.

*III*

*Lamento de Ofelia*

un pájaro de
piedra y hierro
enmudece
el cráneo
envuelto por hojas
la cara destruida
de un río
no en el agua
no en el día

(Narciso levanta los ojos y ve hacia delante, es decir hacia
    las pizarras donde está Ofelia muerta. Narciso ve a
    Ofelia y él es Ofelia.)

**Narciso**: ¿cómo mantener esta orilla recta
         como las astillas de la madera.

*IV*

**Voz**: Parecía que hace mucho tiempo en una casa de
    sacrificios estaba interpelando a un dios. Tanto tiempo
    como si vieras en un espejo la brujería y la sed

**Ambos**: te /me ahogaron las ramas o el agua te/me ahogó

**Voz**: ellos permiten no definir el espacio
**Voz**: El agua arrastra lo que fue desperdiciado.
**Voz**: Callar y mirar

Narciso: No hay peces que se asimilen a mi vejez

**Voz**: Agua sin peces
Agua de piedras
Agua y cadáver de enferma flotando (da capo)


*V*


*Aria de Narciso*

Ahora

(silencio)

un océano hundido
en la planta de mis pies

la noche
se retuerce como un pájaro
y regresa por la luz oscura de la luna

(silencio)
otra palabra incrustada
en la corteza muerta de los árboles

el mar, el viejo mar respirando en mis manos


*VI*

(Narciso toma la corona de flores húmedas de la cabeza
de Ofelia. La coloca sobre su cabeza. Toma pintura blanca
y se pinta la cara. Luego traza una línea negra vertical
sobre lo blanco.) Se oyen las voces.

**Voz**: el agua retrocede / invierte (da capo)

**Ofelia**: allí estoy / parada y retorcida / "envuelta por un sudario, la sepultura cubierta de flores" (Hamlet)

**Voz**: sudarium-sudarium-sudarium, etc.

**Voz**: Lienzo que se pone sobre el rostro de los difuntos.

**Voz**: *Quand vous verrez tomber*
    *Tomber les feuilles mortes* (citado por Barallat)

**Voz**: Como ofrenda ya sea en ramos o guirnaldas, y como plantación adscripta a una tumba. (Barallat)

**Voz**: La semillas que se encontraron en las tumbas eran de heliotropo, de trébol y de aciano. (Barallat)

(Sobre estas voces que lentamente se transforman en un murmullo suave Narciso comienza a elevar la voz)

*VII*

*Narciso*

me tomo
no otra sombra
estoy
recibo
disuelvo
alejo
mi piel
la de las hojas

**dos voces**:
Narciso cae / Ofelia cae
Narciso cae / Ofelia ciega
Ofelia canta y cae

Ofelia
Narciso cae sobre sí
Ofelia con hojas secas
Narciso cae sobre sí
Narciso ve
Ofelia se disuelve
Narciso se disuelve

**Ofelia**:
"envuelta por tu sudario,
la sepultura cubierta de flores"

(Comienza la obra nuevamente con los papeles invertidos)

fuego

# pan[1]

[1]   No me refiero al prefijo griego παν- que designa "todo" o "totalidad"; tampoco quiero hacer alguna referencia al alimento hecho a base de harina y agua, ni a la masa confeccionada a base de otros alimentos como higos, pasas, etc. Menos aún a lo que se denomina "pan de boda" en referencia a los agasajos o regalos que se realizan para tal ocasión, también a veces llamado "pan pintado". Lógicamente, tampoco hago alusión a ninguna manifestación religiosa, ni a los sentidos figurados con que se utiliza este vocablo para dar a entender que alguien se caracteriza por su bondad. Tampoco al sentido que se da en términos económicos, es decir, "pan terciado" para designar la renta de las tierras que se paga con trigo. No quiero argumentar el sentido de esta palabra como amistad entre dos o más personas, para lo que se utiliza la siguiente frase: "no haber pan partido", lo cual me resulta desagradable. No quiero aludir tampoco a la finísima hoja de oro o plata utilizada para dorar o platear. Tampoco a aquella alusión botánica que resulta de "pamporcino" que refiere a una planta primulácea. No es tampoco el alimento diario ni implica ganancia por una labor realizada.

# Piedad[1]

1    Señal emitida por los pájaros en el momento más frío de la noche.
     Ya no hay devoción hacia las cosas santas. Representación fuera del
     límite de un cementerio sin paredes. Reconstrucción elevada de
     un astro que oscila o desaparece. Otras oscilaciones. Intemperie y
     maleza. Intemperie y desierto. Canto de alabanza. Cf. la inmovilidad
     de las zonas frías del cuerpo.

# ADN[1]

---

1    Alimentos de noche. En otras regiones de la estepa, cerca de los cementerios blancos, Acercar dioses necesariamente. Sin embargo, en el lenguaje científico suele usarse esta sigla para indicar la conducción de líquidos entre las piedras: Acueducto de nivelación. El origen de esta sigla es incierto, se cree que proviene de las zonas desérticas del globo ya que anuncia la necesidad de riego.

# crisis[1]

1   Ruido de algunos elementos líquidos mutables. Dícese también de ciertos arbustos que se concentran entre las rocas de zonas montañosas y se utilizan para la construcción de juguetes sagrados. De allí que en muchas poblaciones este término sea una perífrasis para denominar a los dioses. Elemento básico de forma ovalada en una representación de marionetas.

# desierto[1]

[1]    Planicie invadida por jinetes para reconstruir las fuentes de agua sagrada. Lugar de procesión y de exhalación.

# oruga[1]

1    Origen del mundo. Poét. recurso literario utilizado durante los siglos XIV y XV para señalar el origen de un texto de tradición oral. Muchas veces, sobre todo a fines del siglo XV, denomina una composición poética de estrofas extensas que giran alrededor de una idea incomprendida. En oriente dícese del atardecer.

# océano[1]

[1]   Parte olvidada de la memoria mineral. *Mit.* deidad alabada entre las tribus más cercanas a la costa de piedras blancas; así mismo fue conformado, según estas creencias, por las lágrimas de aquellos dioses olvidados y sin nombre. Muchas veces, *océano*, determina la forma de los sepulcros más primitivos. En ciertas regiones de Europa, océano es un territorio de pasaje, de allí que sea denominado "carruaje de agua" o "rueda hacia las regiones".

BERNAT METGE

(2017)

## Bernat Metge

*el ángel es el peor de los dragones*
J.E. Cirlot

pasé toda mi vejez reuniendo
formas ácidas y plantas acuáticas
observando, cada tanto, en cada ocaso
la forma cerrada del mar

toda la vejez de los hombres hermosos como el cactus
cada vez que los golpes acariciaban los quiebres de la orilla

pasé mi vida buscando entre las biblias oscuras
la vida disimulada de Bernat

a la sombra de la vela de resina oscura vi las primeras
    ciencias
cinceladas con imperturbabilidad por una mano que
    todavía no temblaba
leí las primeras lecturas del mito y de los objetos
vi los primeros dibujos que contenían el límite entre esto
    y aquello,
el límite que formaban las fibras del pergamino mohoso


I


Bernat se desnudó
estiró los brazos
frente a una ventana vacía
y preguntó

¿qué es el purgatorio?

no había respuesta

entonces se sentó en su celda
y la soñó
para morir sin dolor


XIX

Don Juan I de Aragón a Bernat Metge

—lo animado no vive ni muere de un solo modo:
aquí me ves, como la noche y como la voz que circula
de la nada hacia la nada

baja la mirada, en el suelo está la respuesta de cada
    pregunta,
de cada pregunta que has escrito


XX

Pedro IV a Bernat Metge

—Bernat, antes que mueran
los peces del río
descubre frente a la ventana un campanario,
una noche blanca y una noche fría

debes saber que
existen campanas talladas
con el cuerpo
vacío de los pájaros

XXVIII

Soneto 47 (del cuaderno oscuro de Bernat)

No hay reconstrucción si antes no hubo un cuerpo
Donde la sal, la piedra y el fermento
Hayan causado  el esperado nacimiento
De sapos, culebras y de muertos

No soy yo quien se pudre sino el cuerpo
De la noche caída en un agujero
Lleno de barro, de oro y de amuletos
Que los vivos colocaron sobre el muerto

Sin embargo, son las manos que toman las monedas
Con palabras, oraciones, tinta negra
Y la piel es hoy un pergamino
Que sugiere apenas un camino

Es la nada que rodea nuestra espalda,
Es un dios helado y sin palabras

# ELIS O TEORÍA DE LA DISTANCIA

## (2020)

LAS RUTAS DE ELIS

*Del cuerpo despojado el sutil velo*
CONDE DE VILLAMEDIANA

I

decía elis:
"el cuerpo despojado"
y decaía

los pájaros ahogados en el agua
flotan hacia la ciudad

un animal ve la distancia
como otro velo
que la estepa repite

elis encontró
la marea
y la arena fue la piedra
que se alejó de la montaña

mira en silencio
y sigue cubriendo insectos
en una orilla opaca

elis talla la corteza de un árbol
para enfrentar la palabra a la imagen de la palabra

# V

te ahogaste
como quien recurre al agua

para celebrar un nuevo bautismo

entre dos orillas
con los ojos cerrados
los peces
comían lo que abandonabas

## Un sistema de la distancia

*un mapa que sea la sombra del espacio*

I

elis dibujará en un mapa de tierra
dos puntos alejados como
la lejanía y el exilio

trazará los límites de un osario
y de un río oscuro que aclare la distancia
entre los arbustos

rezará en el sacrificio para un dios cansado

II

alguien envuelve tu cuerpo
con lino azul y cobre
el viento que sigue soplando
para alcanzar
el camino cerrado en la montaña

¿quién puede morir sin aislar
a los vivos y reconocer la distancia exacta entre el origen
    y el ahora?

## ELIS MIRA UN PAISAJE


el agua mueve el agua en el río
el hombre es inmóvil en el árbol

elis recordaba en voz alta
que el cuerpo es una fractura del universo:
la figura permanente de lo que no perdura

# Naturaleza muerta (siglo XVI)

elis describe mientras espera:

botella
agua sucia del río

cuenco de barro
con sangre de ternero

florero de vidrio oscuro
con tallos y hojas

dos naranjas
la mano sucia de un hombre viejo
que da sentido al resto de las cosas

# TELESIO. BREVISSIMO TRATADO SOBRE EL ASOMBRO

## (2021)

I
ahora
no voy a hablar
de las flores
que colgaban quietas
en los jardines
perdidos de la segunda babilonia
ni de las piedras que sujetaban
el otro sol con que alumbrabas las tinieblas

sólo apoyaré mis manos sobre
tus manos
para darnos cuenta de nuestro sacrificio

II
no voy a hablar de la estrella
que observo caer en otro precipicio

cuando la tierra roza el agua
y el invierno anochece
y se adormece entre los hongos

no voy a hablar de la materia que reduce todo argumento
sobre el índice, dios o la palabra
ni de la arena que reduce todo a un solo recorrido

III
ahora
no escribo sobre dios ni sobre la muerte de dios
sino sobre el movimiento y la materia
en el posible vacío que habita en el espacio
y descubro que soy el tiempo
y el recorrido cerrado de un planeta
que me dejará ciego antes de llegar al bosque que nos oscurece

ahora tu cuerpo es el alma de mi cuerpo

I

si pongo una célula en un calidoscopio
se desintegra para ser el átomo del destierro
en un calidoscopio
una célula azul como el cielo que protege la frontera
entre el aire y el viento
y entre la selva y la pradera

cuando telesio observa a través de esos cristales
con borde de óxido
se desintegra la célula para aparecer
nuevamente entre el fuego y su naturaleza

ahí, en ese linde estaba la razón
entre la niebla y su templanza

II

dejo sobre la mesa
semillas, semillas rotas
de limón, de manzanas que se pudrieron
en el bolsillo.
en la mesa las semillas
de mirto y de sésamo como
flores que verán el mundo y la ciudad caer
y quebrarse y pudrirse
sobre las hojas secas y los huesos de un pájaro

III

UNO es el número de la desesperanza.
el número que reúne la imagen de dios
con la figura del agua
es la cantidad de océanos unidos debajo de las islas y de
    los bosques
el número que has elegido para triturar y recobrar

no es el siete que se desploma como un cuerpo de
    madreselva o de gorrión agonizante
ni es el invierno donde se reunen todos los acueductos de
    tu infierno
es siempre el uno, cuando ya no podemos creer en la
    mañana ni en la
última pesadilla de un sol alumbrando esa mañana
es el número más opaco de la cristiandad y del mundo
    natural de los mortales

# Ganymedes

*he visto las alas de la belleza*
*acariciando mi muerte*

soy un niño ciego
que se apresura a morir en el centro
inicial de la hora más temprana

soy un niño que recoge
moras venenosas en un árbol sombrío
y canta mientras agoniza

soy un niño de huesos oscuros
que se mutila el cuerpo
cuando calla

he sido el niño confundido
que sabía el nombre de mi pasado
y el nombre de las montañas

soy quien huye con la espalda cargada de arena
y como el risco debo soportar el viento y el cielo
y he sido el mismo que abrió las manos para encontrar
las monedas vacías de la edad temprana

soy un niño
perdido en el bosque blanco
un niño hermoso
que busca un dios
en la periferia del agua

# Poemas inéditos

## MARCEL SCHWOB

las cosas antiguas
como los libros
y tus lenguas

otro nombre para el mismo
personaje

fue en la leyenda
de los otros
donde encontraste
pecado y hambre

una liturgia
sobre un tablero
de damas

## ÚLTIMO POEMA

*una vez más, para Andrés*

no invadiste mi territorio
con las manos alzadas como un guerrero hambriento
tampoco el desierto se desplegó en muertos iguales

nada es igual a tu cuerpo
que sobre el caballo se mueve como una ola vacía

niego para afirmar el lado más oscuro del mar que nos
    protege
invado tu territorio
como un guerrero hambriento
para alimentar tu hambre

te rodeo con mis manos
y tus brazos logran desplazarse
hacia mi nuca de círculos

y como una serpiente me deslizo por una arena extinta
y llego a los cascos de tu caballo
para subir lentamente hasta nosotros

# ÍNDICE

Este libro se terminó de imprimir
en marzo de 2024

RIL® editores • España

europa@rileditores.com

Se utilizó tecnología de última generación que reduce
el impacto medioambiental, pues ocupa estrictamente el
papel necesario para su producción, y se aplicaron altos
estándares para la gestión y reciclaje de desechos en
toda la cadena de producción.